DATE . . . .
☐ Sun   ☐ Mon   ☐ Tue   ☐ Wed   ☐ Thu   ☐ Fri   ☐ Sat

DATE . . . .

☐Sun ☐Mon ☐Tue ☐Wed ☐Thu ☐Fri ☐Sat

DATE . . . .
Sun   Mon   Tue   Wed   Thu   Fri   Sat

DATE . . . .

Sun   Mon   Tue   Wed   Thu   Fri   Sat

DATE . . . .
Sun   Mon   Tue   Wed   Thu   Fri   Sat

DATE . . . .
☐ Sun   ☐ Mon   ☐ Tue   ☐ Wed   ☐ Thu   ☐ Fri   ☐ Sat

DATE . . . .

Sun　Mon　Tue　Wed　Thu　Fri　Sat

Made in the USA
Coppell, TX
25 July 2020

31767895R00073